ПОВНА КУХІРНА КНИГА ДЛЯ ДІТЕЙ ТА МАЛЮКІВ

100 корисних і легких рецептів найкращих пюре, їди та дитячих страв для щасливих сімей

Лев Крамарчук

ЗМІСТ

ВСТУП

Це захоплюючий перший крок, коли ваш малюк починає приєднуватися до світу вишуканої кухні та екзотичних смаків. Одного разу ваша купа радості буде насолоджуватися піцою з друзями після школи, крабовими ніжками та канапе в їхньому улюбленому ресторані та вишуканим вином із другою половинкою. Але спочатку вони повинні освоїти основи дитячого харчування — і ви теж!

Перевести дитину з рідкої дієти з грудним молоком або молочною сумішшю на більш тверду їжу не завжди так просто, як може здатися. Багато матерів вважають годування дитини одним із найбільш важких і громіздких завдань першого року життя. Однак, маючи під рукою цей простий у виконанні посібник, ви можете навчити дитину їсти впевнено та вміло. Маючи в руках потрібні знання, ви зведете до мінімуму головний біль і гарантуєте, що ваша дитина розвиватиме свої харчові навички швидко, ефективно та якомога приємніше.

ЗЕРНА

1. Рисова крупа

Інгредієнти

- $\frac{1}{4}$ чашки рисового порошку
- 1 стакан води

Напрямки

a) Доведіть воду до кипіння.

b) Помішуючи, додайте рисову пудру.

c) Тушкуйте близько 10 хвилин, постійно помішуючи.

2. Вівсяна каша

Інгредієнти

- $\frac{1}{4}$ чашки меленого вівса
- $\frac{3}{4}$ склянки до 1 склянки води

Напрямки

a) Доведіть воду до кипіння.

b) Помішуючи, додайте мелений овес.

c) Тушкуйте 1520 хвилин, часто помішуючи.

d) Порада: незважаючи на те, що нарізаний овес готується довше, він зберігає більше поживних речовин, ніж овес швидкого приготування.

3. Ячмінна крупа

Інгредієнти

- $\frac{1}{4}$ склянки меленого ячменю
- 1 стакан води

Напрямки

a) Доведіть воду до кипіння.

b) Помішуючи, додайте ячмінь.

c) Тушкуйте 10 хвилин, постійно помішуючи.

4. Фруктова рисова каша

Інгредієнти

- $\frac{1}{2}$ склянки рисової крупи
- $\frac{1}{2}$ склянки яблучного пюре
- $\frac{1}{4}$ склянки білого виноградного соку

Напрямки

a) У середній каструлі змішайте рисову кашу та білий виноградний сік

b) Нагрівайте повільно, постійно помішуючи; не допускати кипіння

c) Перемішайте яблучне пюре

5. Чаша з банановим рисом

Інгредієнти

- $\frac{1}{2}$ склянки рисової крупи
- 1 стиглий банан

Напрямки

a) Банан розімніть виделкою
b) Розтерти рисову крупу в банан
c) Перемішуйте до отримання однорідної консистенції

6. Смачний пікантний рис

Порції: 6-8

Інгредієнти

- 40 г цибулі, нарізаної
- 100 г рису басматі
- 450 мл окропу
- 140 г гарбуза
- 50 г твердого сиру, наприклад чеддер або Монтерей Джек
- 23 нарізаних помідора
- рослинне масло для приготування

Напрямки

a) Обсмажте цибулю на невеликій кількості олії до м'якості. Додайте рис басматі і залийте окропом. Накрити кришкою і тушкувати 8 хвилин.

b) Додайте кабачки, накрийте кришкою і варіть ще близько 12 хвилин на повільному вогні, помішуючи, поки вода не вбереться. Під час приготування обсмажте нарізані помідори протягом 2 хвилин, додайте сир, а потім ретельно перемішайте обидві суміші за допомогою виделки перед подачею.

7. Дитячі каші

Порції: 2-3

Інгредієнти

- 1 яблуко, очищене від шкірки та серцевини
- 1 банан, очищений
- 6 столових ложок дитячого або коров'ячого молока
- 1 столова ложка вівса

Напрямки

a) Яблуко і банан розріжте на 4 частини. Потім помістіть яблуко в каструлю з невеликою кількістю киплячої води і варіть 5 хвилин до м'якості. Відцідити і дати охолонути. Охолонувши, покладіть яблуко та банан у хімічний стакан і подрібніть до однорідної консистенції за допомогою ручного процесора.

b) Тим часом помістіть молоко та овес у каструлю та обережно нагрівайте, поки воно не закипить і не загусне. Дайте охолонути, а потім за допомогою ручного процесора змішайте разом з яблуком і бананом.

8. Берчер мюслі

Порції: 3-4

Інгредієнти

- 2 столові ложки вівса
- 3 столові ложки повного коров'ячого молока
- 3 столові ложки води
- 1 столова ложка йогурту
- 100 г сухофруктів
- 1 маленька груша

Напрямки

a) Змішайте всі інгредієнти, крім груші, накрийте кришкою і поставте в холодильник на ніч. Перед подачею натріть грушу і додайте до вівсяної суміші.

b) Подавайте холодним влітку або розігрійте для теплого зимового сніданку.

ФРУКТИ

9. Абрикосове пюре

Інгредієнти

- 1 склянка нарізаних абрикосів
- 1 склянка яблучного соку, білого виноградного соку або води

Напрямки

a) У маленькій-середній каструлі доведіть фрукти та рідину до кипіння.

b) Тушкуйте 810 хвилин

c) Процідіть суміш у блендер; збережіть залишки рідини.

d) За допомогою блендера подрібніть суміш. Додайте залишки рідини, поки не досягнете потрібної консистенції.

10. Змішане фруктове яблучне пюре

Інгредієнти

- 1 склянка очищених яблучних шматочків
- ½ склянки фруктів на ваш вибір
- 1 ½ склянки води

Напрямки

a) Додайте фрукти та воду в середню каструлю.

b) Варіть, поки фрукти не стануть м'якими.

c) Злити, зберігши залишки рідини.

d) Розімніть фруктову суміш виделкою або картопледавкою.

e) Помістіть суміш у блендер або кухонний комбайн і подрібніть.

f) Додайте залишки рідини, поки не досягнете потрібної консистенції.

11. Бананово-авокадо каша

Інгредієнти

- 1 стиглий банан
- 1 стиглий авокадо

Напрямки

a) Очистіть банан і додайте в миску.

b) Авокадо очистіть від шкірки, видаліть насіння і наріжте шматочками. Додайте в миску.

c) Банан і авокадо розімніть виделкою до бажаної консистенції.

12. Кубики манго

Інгредієнти

- 1 стиглий манго

Напрямки

a) Очистіть манго від шкірки і видаліть насіння

b) Наріжте фрукти шматочками розміром з немовлям

c) Заморозити

13. Персиковий смузі

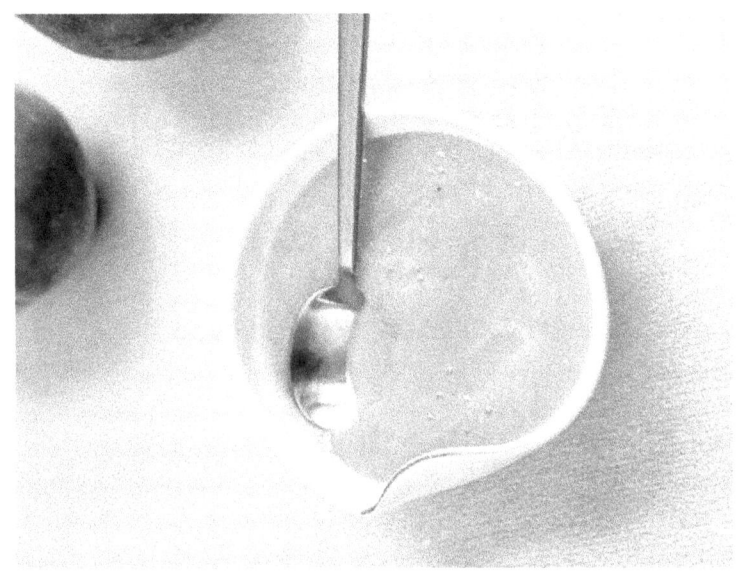

Інгредієнти

- 1 стиглий персик
- 2 столові ложки грудного молока або суміші

Напрямки

a) Розпаріть персик до м'якості

b) Зніміть шкірку і кісточку

c) Коли фрукти охолонуть, подрібніть їх у блендері або кухонному комбайні

d) Додайте грудне молоко або суміш, доки не буде досягнута бажана консистенція

.

14. Яблучно-ожиновий дурень

Порції: 3-4

Інгредієнти

- Одне яблуко (приблизно 100 г), очищене від шкірки, серцевини і нарізане
- 50 г ожини
- 150 г повного йогурту

Напрямки

a) Порізане яблуко разом з промитими ягодами ожини варити 5 хвилин. Зробіть пюре з невеликою кількістю води за допомогою ручного комбайна.

b) Дайте охолонути і змішайте з йогуртом перед подачею.

15. Компот з чорносливу і вишні

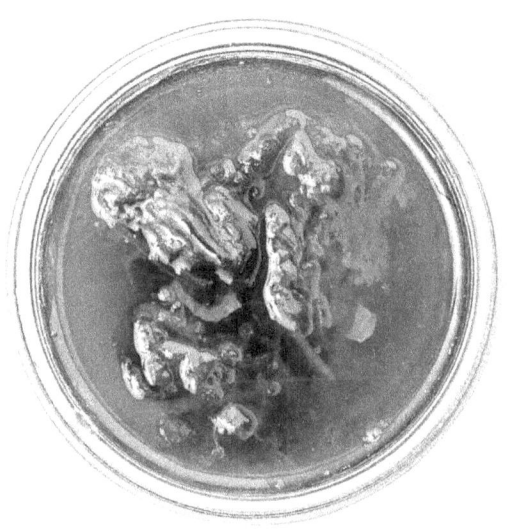

Порції: від 1 до 2 чайних ложок

Інгредієнти

- 250 мл води
- 60 г подрібненої кураги
- 25 г світло-коричневого цукру
- 1/2 чайної ложки подрібненої цедри лимона
- щіпка кориці
- 60 г чорносливу без кісточок, розрізаного навпіл
- 30 г сушеної вишні
- ½ чайної ложки ванільної есенції

Напрямки

a) У великій каструлі з товстим дном нагрійте воду і доведіть абрикоси, коричневий цукор, цедру лимона та корицю до кипіння на сильному вогні. Зменшіть вогонь і тушкуйте без кришки 5 хвилин. Вилийте суміш у велику миску; додайте чорнослив, сушену вишню та ваніль. Змішайте ручним процесором і

b) подавати кімнатної температури.

16. Фруктовий м'ясний пиріг

Робить прибл. 300г

Інгредієнти

- 150 г яловичого фаршу,
- 50 г цибулі, нарізаної четвертинками
- 30 г султана
- 1 кулінарне яблуко, очищене від шкірки, серцевини та нарізане кубиками
- 1 столова ложка томатного пюре
- 2 столові ложки домашнього (або іншого без додавання солі) яловичого бульйону
- 100 г вареної картоплі в пюре
- 150 мл окропу

Напрямки

a) Розігрійте духовку до 180°C. Змішайте яловичину, цибулю, султани та яблука в жароміцній формі. За допомогою ручного комбайна змішайте томатне пюре з бульйоном і додайте до суміші яловичини.

b) Накрити кришкою і варити 30 хвилин. Поверх м'ясної суміші викласти картопляне пюре.

ОВОЧІ

17. Змішані овочі

Інгредієнти

- $\frac{1}{2}$ склянки нарізаної моркви
- $\frac{1}{2}$ склянки нарізаного пастернаку, очищеного від шкірки
- $\frac{1}{2}$ склянки замороженого горошку

Напрямки

a) Моркву, горошок і пастернак приготуйте на пару до м'якості

b) дренаж

c) Пюрируйте в блендері або кухонному комбайні, додаючи додатково води, поки не буде досягнута бажана консистенція

18. Вечеря Овочі

Інгредієнти

- $\frac{1}{2}$ чашки замороженої зеленої квасолі
- 1 очищена, нарізана кубиками картоплина
- $\frac{1}{2}$ склянки цукіні
- $\frac{1}{4}$ склянки нарізаної моркви

Напрямки

a) Додайте всі овочі в середню каструлю; залийте водою на $\frac{1}{2}$ дюйма над поверхнею овочів.

b) Відварити до м'якості

c) Розімніть виделкою або пюрируйте в блендері або кухонному комбайні

19. Суміш для кабачків

Інгредієнти

- $\frac{1}{2}$ склянки нарізаного цукіні
- $\frac{1}{2}$ чашки нарізаного літнього кабачка
- $\frac{1}{2}$ склянки очищеної, нарізаної солодкої картоплі
- 1 столова ложка подрібненої цибулі

Напрямки

a) Помістіть овочі в середню каструлю; залийте водою, щоб $\frac{1}{2}$ дюйма вище овочів

b) Тушкуємо до м'якості

c) Розімніть або подрібніть, поки суміш не досягне бажаної консистенції

20. Ягідна солодка картопля

Інгредієнти

- 1 солодка картопля, очищена і нарізана кубиками
- $\frac{1}{2}$ склянки замороженої суміші ягід, розморожених

Напрямки

a) Готуйте кубики батату на пару до м'якості

b) Злити, додати в кухонний комбайн або блендер

c) Додайте розморожені ягоди

d) Пюрируйте до бажаної консистенції

21. Пюре з цвітної капусти

Інгредієнти

- 1 склянка нарізаної цвітної капусти
- 1 стакан замороженого горошку
- 1 склянка запеченого м'яса гарбуза

Напрямки

a) Заморожений горошок і нарізану цвітну капусту приготуйте на пару до м'якості
b) Додайте горох, цвітну капусту та кабачки в кухонний комбайн або блендер
c) Пюрируйте до бажаної консистенції

22. Паста з кабачків

Порції: 2-3

Інгредієнти

- 50 г відварених дрібних макаронних виробів
- 1 середній цукіні, нарізаний
- 1 чайна ложка зеленої цибулі
- бризки рослинної або оливкової олії
- 25 г тертого сиру

Напрямки

a) Готуйте кабачки на пару приблизно 3 хвилини (до м'якості). Додайте трохи олії та перемішайте до отримання густої консистенції за допомогою ручного мусора, потім додайте цибулю-шніт.

b) Залийте цукіні теплими макаронами. Якщо хочете, додайте трохи тертого сиру.

23. Помідори і картопля з орегано

Порції: 6

Інгредієнти

- 125 г картоплі, очищеної та нарізаної
- 100 г цвітної капусти в дрібних суцвіттях
- 30 г вершкового масла
- 200 г консервованих помідорів
- щіпка орегано
- 35 г тертого подвійного сиру Глостер

Напрямки

a) Помістіть картоплю в каструлю з киплячою водою, зменшіть вогонь і варіть 7 хвилин, потім додайте суцвіття цвітної капусти і тушкуйте, поки всі овочі не стануть м'якими. Злийте воду, потім додайте помідори та інші інгредієнти.

b) Змішайте до текстурованої консистенції за допомогою ручного процесора.

24. Овочі в кремі

Порції: 2-3

Інгредієнти

- 1 невелика морква очистити і нарізати
- 1 маленький цукіні нарізати
- 2 суцвіття брокколі
- 2 столові ложки жирного молока
- 1 столова ложка дитячого рису

Напрямки

a) Готуйте овочі на пару, поки вони не стануть м'якими, це займе 6 хвилин. Тим часом нагрійте молоко та приготуйте дитячий рис згідно з інструкціями виробника. Злийте овочі і дайте трохи охолонути.

b) Тепер помістіть овочі в склянку, потім додайте дитячий рис і пюре за допомогою ручного комбайна до однорідної консистенції.

25. Бананове різотто

Порції: 10

Інгредієнти

- 225 г рису для різотто
- 50 г маргарину
- 50 г цибулі, нарізаної четвертинками
- 30 г борошна
- 550 мл молока
- 30 г сиру пармезан
- 450 г не дуже стиглих бананів

Напрямки

a) Відваріть рис в киплячій воді до готовності (приблизно 15 хвилин). Тим часом наріжте цибулю і злегка обсмажте на маргарині до м'якості. До відвареного рису додайте варену цибулю.

b) В окремій сковороді розтопіть маргарин, що залишився, і всипте борошно. Повільно додайте молоко, постійно помішуючи.

c) Доведіть до кипіння і кип'ятіть 1 хвилину. Додайте сир і перемішуйте, поки він не розплавиться. Очистіть і наріжте банани, змішайте з рисовою сумішшю.

d) Коротко змішайте всі інгредієнти за допомогою ручного комбайна.

26. Сирне різотто з кабачків

Порції: 3-4

Інгредієнти

- 2 столові ложки оливкової олії
- 50 г рису для різотто
- 100 мл гарячої води або несолоного овочевого бульйону
- 80 г кабачків, нарізаних шматочками
- 20 г твердого сиру дрібно нарізати

Напрямки

a) Додайте рис до олії на сковороді та перемішайте, щоб покрити зерна. Залийте рис гарячою водою, перемішайте і тушкуйте 12 хвилин, за потреби додаючи ще води/бульйону. Далі додайте кабачок і добре перемішайте.

b) Варіть ще 5 хвилин. Коли рис стане дуже м'яким, додайте сир і перемішайте. Пюрируйте ручним процесором.

27. Бебі рататуй

Порції: 4

Інгредієнти

- 1 чайна ложка оливкової олії
- 40 г цибулі, четвертинками і дрібно нарізаними
- 40 г кабачків, нарізаних кубиками
- 1 маленький червоний перець, очищений від насіння і нарізаний кубиками
- 4 помідори, очищені від шкірки та насіння (або половина банки нарізаних помідорів)

Напрямки

a) У сковороді розігріти олію і обсмажити цибулю до м'якості, потім додати інші овочі. Перемішайте один раз, потім накрийте кришкою та зменшіть вогонь.

b) Дайте варитися, поки овочі не стануть м'якими. Дайте трохи охолонути, а потім перетворіть на сковороду в пюре за допомогою ручної мельниці. Подавати з картопляним пюре.

28. Дитячий гуляш

Порції: 3-4

Інгредієнти

1. 50 г яловичого фаршу
2. 68 грибів, нарізаних
3. 150 мл простого фрома
4. 1 столова ложка кетчупу

Напрямки

a) Підсмажте яловичий фарш у великій сковороді та злийте зайвий жир. Змішайте всі інші інгредієнти в одній сковороді, помішуючи.

b) Варіть 15 хвилин, потім дайте охолонути. Зробіть пюре на сковороді за допомогою ручного комбайна.

c) Подавати з густим картопляним пюре.

29. Сир з цвітної капусти

Порції: 3-4

Інгредієнти

- 200 г промитої цвітної капусти
- 20 г вершкового масла
- 2 чайні ложки звичайного борошна
- 200 мл молока
- 40 г тертого сиру середньої твердості, наприклад чеддер, грюйер або гауда

Напрямки

a) Розділіть цвітну капусту на маленькі суцвіття і готуйте на пару 10-12 хвилин. Тим часом приготуйте соус, розтопивши масло в невеликій сковороді, додавши борошно, щоб вийшла однорідна паста, додайте молоко та помішуйте, поки не загусне. Зніміть сковороду з вогню і додайте тертий сир.

b) Додайте цвітну капусту та пюре в сковороду за допомогою ручного комбайна.

30. Пюре з моркви, цвітної капусти, шпинату та сиру

Порції: 2-3

Інгредієнти

- 1 велика морква, очищена і нарізана великими шматочками
- 50 г цвітної капусти (дрібно нарізаної)
- 1/3 банки нарізаних помідорів
- 30 г тертого твердого сиру, наприклад пармезану
- 50 г листя молодого шпинату

Напрямки

a) Моркву і цвітну капусту приготуйте на пару до готовності. Відставте в сторону, щоб трохи охололо. Тим часом розігрійте консервовані помідори в іншій сковороді, а коли вони повністю нагріються, додайте сир.

b) Коли сир розплавиться, додайте шпинат і готуйте, помішуючи, поки він не зів'яне.

31. Сирно-овочевий повар

Порції: 68 | Робить прибл. 450 г | Час приготування: 20 хвилин

Інгредієнти

- 250 г картоплі, очищеної і нарізаної дрібними кубиками
- 50 г солодкої картоплі, очищеної та нарізаної
- 25 г несолоного вершкового масла
- ½ маленької цибулі-порею, дрібно нарізаної
- 1 столова ложка борошна
- 100 мл молока
- 50 г тертого сиру

Напрямки

a) Залийте картоплю та солодку картоплю окропом у каструлі та варіть на повільному вогні до готовності (приблизно 1015 хвилин). Вийміть половину картоплі та відкладіть, а потім подрібніть решту картоплі та воду для варіння в каструлі за допомогою ручного комбайна.

b) У сотейнику розтопити масло і обсмажити цибулю-порей до готовності.

c) Всипте борошно, потім повільно додайте молоко, весь час помішуючи. Перемішайте протерті овочі, нарізану кубиками картоплю і

d) сиру в соус і подавайте, коли охолоне, щоб їсти.

32. Салат з картоплі та авокадо

Порції: 5-6

Інгредієнти

- 1 велика картоплина, очищена і нарізана дрібними кубиками
- 1 авокадо, очищений від шкірки та кісточки
- 1 столова ложка грецького йогурту

Напрямки

a) Відваріть картоплю до готовності (приблизно 10-15 хвилин). Змішайте авокадо за допомогою ручного комбайна та додайте йогурт. Додайте зварену картоплю до авокадо та йогурту, поки вона ще тепла.

b) Подавати теплим або охолодити і подавати охолодженим.

33. Яблучний кускус

Порції: 4

Інгредієнти

● 100 г кускусу замочити в теплому яблучному соку на 5
  хвилин

● 2 столові ложки натурального йогурту

● 50 г варених яблук

Напрямки

а) Змішати змішайте всі інгредієнти в хімічному
  стакані та перемішайте протягом 5–10 секунд
  ручним комбайном.

34. Форми для пасти з масляним горіхом

Порції: 4

Інгредієнти

- 100 г дрібних форм макаронів
- 100 г вареного гарбуза
- несолодкий яблучний сік

Напрямки

a) Варіть макарони 10-15 хвилин. Поки макарони готуються, змішайте кабачки з невеликою кількістю яблучного соку, щоб створити соус.

b) Підігрійте соус і полийте зварену пасту для подачі.

35. Зимовий фруктовий салат

Порції: 8

Інгредієнти

- 500 г сухофруктів (чорнослив, груші, абрикоси, інжир)
- 600 мл води
- 2 краплі ванільної есенції
- 1 столова ложка свіжого лимонного соку
- Йогурт, для подачі

Напрямки

a) Помістіть фрукти та воду у велику каструлю. Додайте ванільну есенцію. Доведіть до кипіння, потім добре перемішайте, зменшіть вогонь і варіть 10 хвилин до утворення сиропу. Зніміть каструлю з вогню, потім, коли трохи охолоне, перелийте фрукти та рідину в миску та вичавіть трохи лимонного соку. Акуратно перетворіть в пюре за допомогою ручного процесора. Можна подавати

b) теплим або охолодженим, з краплею йогурту зверху.

c) Цей зігріваючий зимовий фруктовий салат сподобається іншим членам сім'ї. Ви можете трохи підсолодити медом або коричневим цукром і пропустити етап пюрування.

36. Паста з сирним томатним соусом

Порції: 2

Інгредієнти

- 1 чайна ложка оливкової олії
- 50 г цибулі, нарізаної на четвертинки і дрібно
- 80 г моркви, очищеної, нарізаної шматочками і дрібно
- 1 лавровий лист
- 150 г нарізаних помідорів
- 2 чайні ложки тертого чеддера або пармезану
- 1 столова ложка невеликих форм макаронів

Напрямки

a) Розігрійте олію в невеликій сковороді. Злегка обсмажте цибулю і моркву до м'якості, потім відкладіть половину суміші. До решти додати лавровий лист і порізані помідори.

b) Накрийте кришкою і тушкуйте 10 хвилин, періодично помішуючи. Зняти з вогню, додати сир і перемішати. Зваріть і злийте пасту.

c) Вийміть лавровий лист із соусу, а потім перетворіть в пюре за допомогою ручного процесора. Додайте відціджену пасту та овочі, які ви відклали раніше, перемішайте та подавайте.

37. Паста з сої, кабачків і томатів

Порції: 3

Інгредієнти

- 1 чайна ложка рослинного масла
- 40 г цибулі, нарізаної на четвертинки і дрібно нарізаної
- 40 г кабачків, нарізаних шматочками
- 50 г соєвого фаршу
- 200 г консервованих помідорів
- 1 столова ложка свіжого несолодкого яблучного соку
- листя свіжого базиліка, подрібнити
- 35 г сушених макаронів

Напрямки

a) У сковороду на помірному вогні помістіть рослинне масло, додайте цибулю і смажте до розм'якшення. Додати кабачки і варити до м'якості. Додайте соєвий фарш і продовжуйте готувати, поки воно не стане гарячим і не підрум'яниться. Додати помідори і дати тушкуватися 5 хвилин. Додайте яблучний сік і свіжий базилік і варіть ще 5 хвилин, поки соус не загусне.

b) Тим часом зваріть макарони. Коли соус буде готовий, почекайте, доки він трохи охолоне, а потім перемішайте на сковороді за допомогою ручного мусора, щоб отримати однорідний томатний соус.

c) Додайте відварену пасту та перемішайте до легкозасвоюваної консистенції.

38. Паштет з кабачків

Порції: 4

Інгредієнти

- 2 середніх кабачка, нарізаних шматочками
- 75 г вершкового сиру
- Дрібна щіпка паприки
- Дрібна щіпка свіжого кропу

Напрямки

a) Готуйте кабачки на пару, доки вони не стануть м'якими (6-8 хвилин), потім перетворіть їх у склянку в пюре за допомогою ручного комбайна та дайте охолонути.

b) Змішайте вершковий сир, додавши зелень, потім подавайте. Подавати зі шматочками тостів.

39. Різотто з солодкої кукурудзи

Порції: 4

Інгредієнти

- 1 середня цибулина, нарізана
- жменя замороженої цукрової кукурудзи
- 125 г рису
- 50 г сиру пармезан подрібнити, потім натерти
- дрібно
- 500 мл овочевого або курячого бульйону без солі
- 1 столова ложка рослинного масла

Напрямки

a) Розм'якшіть цибулю в олії, додайте рис і нагрівайте 2 хвилини, поки рис добре не покриється олією.

b) Повільно влийте бульйон протягом 15 хвилин, регулярно помішуючи, поки рис не стане м'яким і липким. Через 7 хвилин додайте солодку кукурудзу.

c) Коли рис і кукурудза добре звариться, додайте пармезан і ретельно перемішайте.

40. Паста з йогурту та сиру

Порції: 4

Інгредієнти

- 120 г локшини
- 100 мл натурального йогурту
- 100 г сиру
- 60 г ріпчастої цибулі, нарізаної
- 1/2 зубчика часнику, подрібненого
- 2 чайні ложки свіжого орегано, подрібненого
- 1 столова ложка вершкового масла

Напрямки

a) Відваріть локшину відповідно до інструкції виробника потім злити і залишити в стороні.

b) Потім змішайте інші інгредієнти, крім вершкового масла та пюре, використовуючи ручний комбайн. Обережно нагрійте суміш, потім додайте масло в локшину, змішайте локшину з йогуртовою сумішшю та подавайте.

41. Паста з кабачками

Порції: 6

Інгредієнти

- жменя кедрових горіхів
- 250 г фаршированих тортелліні
- 50 г вершкового масла
- 160 г кабачків нарізати шматочками
- 1 зубчик часнику, подрібнений
- вичавлення лимона
- 23 листочка базиліка

Напрямки

a) Кедрові горіхи підсмажте на сухій сковороді на невеликому вогні до світло-коричневого кольору – обережно, вони легко підгорять! Потім кедрові горіхи дрібно подрібніть товкачем і ступкою.

b) Відваріть тортелліні відповідно до інструкцій виробника, потім злийте воду. Обсмажте кабачок і часник на вершковому маслі приблизно 2 хвилини, поки вони не стануть достатньо м'якими, щоб ваша дитина могла їх з'їсти, потім додайте вичавлений лимон. Додайте приготовані тортелліні та добре перемішайте.

М'ЯСО/РИБА

42. Базове яловиче пюре

Інгредієнти

- 1 склянка вареної яловичини, нарізаної кубиками
- $\frac{1}{2}$ склянки води

Напрямки

a) Додайте яловичину в кухонний комбайн або блендер і створіть тонке пюре

b) Продовжуйте пюрувати, поки не буде досягнута бажана консистенція

43. Базове куряче пюре

Інгредієнти

- 1 склянка вареної курячої грудки, нарізаної кубиками
- ½ склянки курячого бульйону з низьким вмістом натрію

Напрямки

a) Додайте яловичину в кухонний комбайн або блендер і створіть тонке пюре

b) Продовжуйте пюрировать, додаючи бульйон, поки не досягнете потрібної консистенції

44. Базове рибне пюре

Інгредієнти

- 1 склянка вареної білої риби без кісток
- $\frac{1}{4}$ склянки води

Напрямки

a) Додайте рибу в кухонний комбайн або блендер

b) Пюрируйте до отримання потрібної консистенції, додаючи за потреби воду

45. Дитячий омлет

Інгредієнти

- 1 яєчний жовток
- $\frac{1}{4}$ склянки молока
- $\frac{1}{4}$ склянки подрібненого сиру чеддер
- $\frac{1}{4}$ склянки пюре з моркви

Напрямки

a) З'єднайте інгредієнти в мисці
b) Добре розмішати
c) Додайте в сковороду
d) Збивайте, поки не перестане текти

46. Вершкова куряча запіканка

Інгредієнти

- 1 подрібнена куряча грудка
- 1 очищена і нарізана картопля
- ½ склянки нарізаної моркви
- ½ чашки нарізаного літнього кабачка
- ½ склянки йогурту

Напрямки

a) Змішайте в каструлі курку, овочі та спеції

b) Залийте водою і доведіть до кипіння.

c) Зменшіть вогонь, накрийте кришкою і тушкуйте 3045 хвилин або поки курка повністю не приготується, а овочі не стануть м'якими.

d) Дати охолонути

e) Додайте курку та овочі в кухонний комбайн або блендер і подрібніть до бажаної консистенції, додаючи залишки рідини за потреби

f) Додайте йогурт, продовжуйте перетирати до потрібної консистенції

47. Рибна вечеря

Порції: 2

Інгредієнти

- 25 г вареної білої риби (філе)
- 1 столова ложка вареної моркви
- 1 столова ложка вареної картоплі
- 1 столова ложка молока
- невеликий шматочок масла

Напрямки

a) Наріжте кубиками моркву і картоплю і додайте в каструлю з киплячою водою. Накрити кришкою і тушкувати. Через 7 хвилин обсмажте рибу в невеликій кількості молока або води до готовності.

b) Зніміть всі інгредієнти з вогню, процідіть і дайте охолонути. Додайте всі інгредієнти в сковороду і перетворіть в пюре за допомогою ручного комбайна.

48. Вечеря з печінки

Порції: 4-5

Інгредієнти

- 25 г печінки ягняти
- 1 столова ложка вареного шпинату або капусти
- 1 столова ложка вареної картоплі
- 3 столові ложки бульйону

Напрямки

a) обсмажте в невеликій кількості олії приблизно 10 хвилин або до готовності. Тим часом помістіть картоплю в каструлю з киплячою водою і варіть приблизно 7 хвилин. Додайте капусту і готуйте ще 6 хвилин.

b) Злийте овочі, а потім помістіть усі інгредієнти в миску та перемішайте до однорідності за допомогою ручного комбайна, додавши соус або бульйон, щоб суміш пом'якшилася.

49. Легка страва з курки та банана

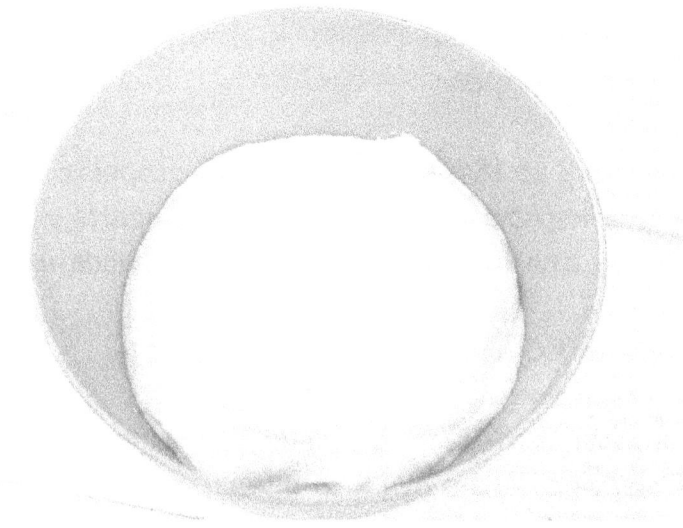

Порції: 6

Інгредієнти

- 1 куряча грудка без кісток і шкіри (приблизно 100 г)
- 1 маленький стиглий банан
- 100 мл кокосового молока

Напрямки

a) Розігрійте духовку до 180°C. Курячу грудку розріжте навпіл уздовж і нафаршируйте бананом. Покладіть у невелику форму для запікання та полийте кокосовим молоком.

b) Випікайте при 180°C протягом 40 хвилин або поки курка повністю не приготується.

c) Дайте охолонути, потім наріжте на шматочки та пюрируйте за допомогою ручного процесора.

50. Баранина з перловкою

Порції: 3-4

Інгредієнти

- 60 г нежирного фаршу з баранини
- 50 г перлової крупи
- 1 ст.л. томатне пюре
- ½ зубчика часнику
- 40 г цибулі, нарізаної четвертинками
- 80 г моркви, нарізаної шматочками

Напрямки

a) Розігрійте олію на сковороді, додайте нарізані овочі та пасеруйте 5 хвилин, а потім додайте фарш з баранини. Обсмажуйте ще 5 хвилин, поки баранина не підрум'яниться, потім додайте перловку і томатне пюре. Залити водою, перемішати і тушкувати 45 хвилин, періодично помішуючи.

b) Після приготування дайте трохи охолонути, а потім перетворіть в пюре до потрібної консистенції за допомогою ручного оброблювача.

51. Абрикосова курка

Порції: 2-3

Інгредієнти

- 1 невелика куряча грудка, нарізана кубиками (приблизно 70 г)
- 4 кураги
- 1 шалот
- 1/2 палички кориці

Напрямки

a) Подрібніть цибулю-шалот. Обсмажити разом з абрикосами та нарізаною кубиками куркою на трохи оливкової олії. Залити водою і додати паличку кориці. Тушкуйте на повільному вогні 20 хвилин, поки абрикоси не стануть м'якими, а соус не стане сиропоподібним. Відмовтеся від кориці.

b) Змішайте на сковороді за допомогою ручного процесора до отримання жувальної консистенції.

c) Подавати з картопляним пюре.

52. Пікантна запіканка з курки

Порції: 4-6

Інгредієнти

- 1 маленька цибулина
- 1 куряча грудка, очищена від шкіри та нарізана кубиками (приблизно 100 г)
- 1 десертна ложка оливкової олії
- 1 морква, очищена і нарізана кубиками
- 1 лавровий лист
- 2 гриба, протертих і тонко нарізаних
- 140 мл води
- 50 г заморожених petites puis, розморожених

Напрямки

a) Цибулю подрібнити, потім обсмажити разом з куркою, поки курка не приготується з усіх боків. Додайте овочі, лавровий лист і воду. Накрийте кришкою і обережно тушкуйте 1520 хвилин, перш ніж додати горошок. Варіть ще 5 хвилин, поки горох не прогріється.

b) Вийміть лавровий лист і перемішайте до консистенції, яка підходить вашій дитині, за допомогою ручної кульки. Подавайте з картопляним пюре або шматочками пасти.

53. соус з тунця

Порції: 6

Інгредієнти

- 30 г простого фрома
- 100 г консервованого тунця в соняшниковій олії
- 2 в'ялених помідори
- 20 г густого крем-крему
-

Напрямки

a) Злийте тунець і змішайте з фромажем і нарізаними в'яленими помідорами за допомогою ручної куховарки.

b) Додайтеcrème fraîche і поставте в холодильник на годину перед подачею.

c) Подавайте з шматочками тостів або рисовими коржами.

54. Пюре з курки та груші

Порції: 3-4

Інгредієнти

- 1 куряча грудка без шкіри, нарізана кубиками
- 1 груша, очищена від серцевини і нарізана кубиками
- 1 середня солодка картопля, очищена і нарізана кубиками
- 120 г кабачків, дрібно нарізаних
- 500 мл малосольного овочевого або курячого бульйону

Напрямки

a) Помістіть бульйон у велику каструлю і доведіть до кипіння. Додати курку, зменшити вогонь і тушкувати 10 хвилин. Додайте солодку картоплю та грушу та тушкуйте ще 10 хвилин.

b) Додайте цукіні і варіть ще 5 хвилин, поки всі інгредієнти не стануть готовими і м'якими. Зробіть пюре на сковороді за допомогою ручного комбайна.

55. Пюре з курки та гарбуза

Порції: 6-8

Інгредієнти

- 200 г відвареного гарбуза
- 100 г вареної курки
- 125 г вареного коричневого рису

Напрямки

а) Помістіть усі інгредієнти в склянку з невеликою кількістю води або звичайного молока вашої дитини та збийте пюре ручним процесором до консистенції, яка підходить вашій дитині

56. Курка з кукурудзою та грушею

Порції: 4-6

Інгредієнти

- 100 г курки
- 50 г цибулі, нарізаної на четвертинки, а потім подрібненої
- 1 столова ложка оливкової олії
- 50 г цукрової кукурудзи
- 1 середня картоплина, очищена і нарізана
- ½ маленької груші, очищеної від шкірки, серцевини і нарізаної
- 225 мл курячого або овочевого бульйону з низьким вмістом солі

Напрямки

a) Курку помити, потім нарізати. Злегка обсмажте цибулю до м'якості, потім додайте курку і тушкуйте 10 хвилин до готовності.

b) Додати овочі та картоплю, влити бульйон і тушкувати на повільному вогні 15-20 хвилин. Нарешті, перемішайте на сковороді за допомогою ручного процесора.

57. Яловичина тушкована з морквяним пюре

Порції: 8-10

Інгредієнти

- 250 г тушкованого яловичого стейка, нарізаного кубиками
- 2 чайні ложки оливкової олії
- 1 шалот, нарізаний
- 1 морква очистити і нарізати шматочками по 2 дюйма
- 2 середні картоплини, очищені і нарізані кубиками
- 250 мл води

Напрямки

a) Розігрійте олію в сковороді на середньому вогні, потім додайте яловичину і обсмажте 2-3 хвилини, поки все не підрум'яниться. Додати овочі, картоплю і воду, перемішати і довести до кипіння. Потім зменшіть вогонь, накрийте кришкою і обережно тушкуйте близько години або поки яловичина та овочі не стануть м'якими. Пюрируйте на сковороді за допомогою ручного процесора, доки не досягнете

b) необхідна текстура для вашої дитини.

c) Щоб отримати смачне сімейне рагу, просто залиште етап приготування пюре та подавайте родині з печеною картоплею або шматочками свіжого хліба.

58. Смажена курка і рагу з овочів

Порції: 6-8

Інгредієнти

- 150 г невеликих шматочків смаженої курки без шкіри
- 100 г м'якоті гарбуза, нарізаної кубиками
- 100 г солодкої картоплі, нарізаної кубиками
- 2 столові ложки горошку
- 2 столові ложки цукрової кукурудзи
- охолодженої кип'яченої води

Напрямки

a) Куряче філе дрібно наріжте і відкладіть. Приготуйте на пару гарбуз, батат, горошок і кукурудза. Зробіть пюре з курки та овочів за допомогою ручного комбайна. За допомогою охолодженої кип'яченої води розбавте пюре до потрібної консистенції. Дайте охолонути і подавайте.

59. Бургери з індичкою та абрикосами

Робить. прибл. 300г

Інгредієнти

- 50 г цибулі, нарізаної на четвертинки та нарізаної шматочками
- 1 чайна ложка оливкової олії
- 150 г фаршу з індичої грудки
- 60 г свіжих панірувальних сухарів
- 2 подрібнених абрикоса
- 1/2 середнього збитого яйця
- 2 столові ложки соняшникової олії, для смаження

Напрямки

a) Обсмажте цибулю на оливковій олії на середньому вогні до м'якості, потім дайте охолонути, потім покладіть фарш індички та варену цибулю у велику миску, додайте решту інгредієнтів і ретельно перемішайте виделкою.

b) Використовуючи дві десертні ложки, приблизно сформуйте котлету із суміші та обережно опустіть її на гарячу сковороду, злегка натискаючи, щоб гамбургер розплющився.

c) Готуйте, поки добре не підрум'яниться з кожного боку, і залиште на 23 хвилини перед подачею.

60. Смачний кус-кус з курки

Порції: 4

Інгредієнти

- 100 г кускусу
- 20 г вершкового масла
- 50 г цибулі-порею порізати на шматочки і дрібно нарізати
- 50 г курячої грудки, очищеної від шкіри і нарізаної кубиками
- 25 г моркви, очищеної і нарізаної кубиками
- 200 мл курячого бульйону без солі

Напрямки

a) На сковороді розтопіть вершкове масло, додайте цибулю-порей і розм'якшіть. Далі додаємо курку і обсмажуємо до готовності.

b) Поки вариться курка, відваріть моркву до готовності (приблизно 10 хвилин). Залийте бульйонний кубик окропом, потім додайте кус-кус у каструлю та залиште на вогні на 3-4 хвилини. Розімніть виделкою та додайте курку та моркву.

c) Щоб отримати більш однорідну консистенцію, перетворіть в пюре за допомогою ручної машини.

61. Дитячі тефтелі в соусі

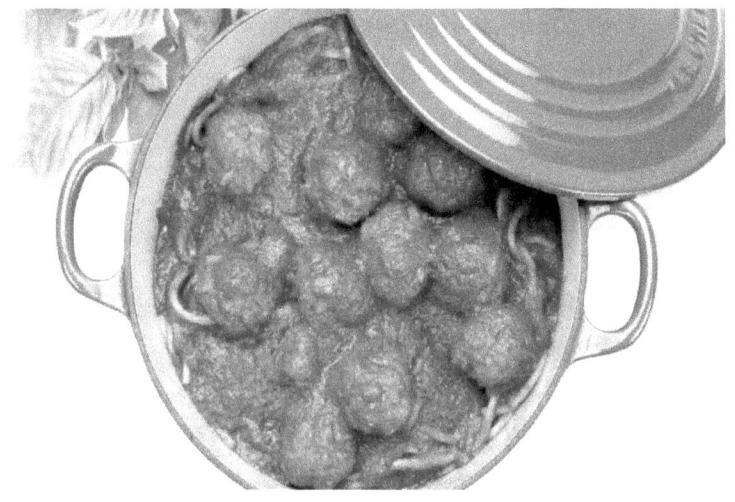

Робить прибл. 25-30 фрикадельок

Інгредієнт

и Тефтелі:

- 250 г нежирного свинячого фаршу
- 50 г цибулі, нарізаної четвертинками
- 60 г печериць, дрібно нарізаних
- 100 г панірувальних сухарів і 2 яєчних жовтки
- 1 столова ложка рослинного масла

Томатний соус:

- 250 г свіжих помідорів, очищених від шкірки, насіння та нарізаних
- 150 мл води або овочевого бульйону, половина маленької цибулини, дрібно нарізаної, і 1 столова ложка томатного пюре
- 1 столова ложка дрібно нарізаної свіжої зелені, наприклад базиліка, петрушки або чебрецю

Напрямки

a) Розігрійте духовку до 180°C. Подрібніть інгредієнти, змішайте та розділіть суміш на приблизно 25 кульок, які слід зберігати в холодильнику, поки ви робите соус. Щоб приготувати соус, помістіть усі інгредієнти в каструлю і доведіть до кипіння, потім варіть приблизно 20 хвилин на маленькому вогні.

b) Давши охолонути, перемішайте на сковороді за допомогою ручного процесора. Смажити на змащеній олією сковороді близько 10 хвилин

СУП

62. Курячий суп

Інгредієнти

- 1 склянка нарізаної сирої курячої грудки
- $\frac{1}{4}$ склянки подрібненої цибулі
- $\frac{1}{4}$ склянки нарізаної моркви
- $\frac{1}{2}$ склянки нарізаного цукіні
- 4 склянки води

Напрямки

a) З'єднайте інгредієнти в каструлі і доведіть до кипіння

b) Зменшіть вогонь, накрийте кришкою і тушкуйте 3045 хвилин або поки курка добре не приготується, а морква стане м'якою

c) Дати охолонути

d) Процідіть у кухонний комбайн або блендер і подрібніть, додаючи бульйон, поки не досягнете бажаної консистенції

63. Яловичий овочевий суп

Інгредієнти

- 1 склянка нарізаної яловичини
- 1 очищена і нарізана картопля
- $\frac{1}{2}$ склянки нарізаної моркви
- $\frac{1}{4}$ склянки подрібненої цибулі
- 5 склянок води

Напрямки

a) Помістити всі інгредієнти в каструлю і довести до кипіння

b) Зменшіть вогонь, накрийте кришкою і тушкуйте 3045 хвилин або поки яловичина добре не розвариться, а овочі не стануть м'якими

c) Дати охолонути

d) Додайте м'ясо та овочі в кухонний комбайн або блендер і подрібніть, додаючи бульйон, поки не досягнете бажаної консистенції.

64. Гарбузовий суп

Інгредієнти

- 1 стакан гарбузового пюре
- 2 склянки курячого бульйону з низьким вмістом натрію
- $\frac{1}{4}$ чайної ложки чорного перцю
- $\frac{1}{4}$ чайної ложки імбиру
- 1 зубчик часнику, подрібнений

Напрямки

a) З'єднайте інгредієнти в каструлі і доведіть до кипіння
b) Зменшіть вогонь, накрийте кришкою і тушкуйте 15 хвилин, часто помішуючи

65. Суп з гарбуза

Інгредієнти

- 1 склянка м'яса гарбуза, приготованого на пару
- $\frac{1}{4}$ склянки вареної на пару моркви
- 1/2 чашки замороженого шпинату
- $\frac{1}{2}$ склянки замороженого горошку
- 2 склянки курячого бульйону з низьким вмістом натрію

Напрямки

a) У каструлі доведіть всі інгредієнти до кипіння

b) Відразу зменшити вогонь

c) Накрийте кришкою і тушкуйте 1015 хвилин, періодично помішуючи

d) Дати охолонути

e) Додайте вміст каструлі в кухонний комбайн або блендер і подрібніть

66. Яєчний суп

Інгредієнти

- 2 склянки курячого бульйону з низьким вмістом натрію
- 2 яєчних жовтки
- нарізану кубиками цвітну капусту

Напрямки

a) Доведіть курячий бульйон, цвітну капусту та спеції до кипіння в каструлі

b) Зменшіть вогонь, накрийте кришкою і тушкуйте 1520 хвилин або поки цвітна капуста не стане м'якою

c) Продовжуючи кип'ятити, вмішайте яєчні жовтки вінчиком

d) Продовжуйте збивати, поки яєчний жовток не стане твердим

e) Дати охолонути

f) Додайте в кухонний комбайн і подрібніть

67. Cпаржевий суп

Порції: 4

Інгредієнти

- 2 столові ложки оливкової олії
- 1 середня картоплина, очищена і нарізана кубиками
- 500 мл овочевого бульйону без солі
- 50 г цибулі, нарізаної четвертинками
- 450 г спаржі

Напрямки

a) Наріжте спаржу шматочками, видаливши всі жилаві частини та жорсткі кінці стебел.

b) Потім розм'якшіть цибулю в оливковій олії на сковороді на середньому вогні, потім додайте картоплю, спаржу та бульйон.

c) Накрити кришкою і тушкувати 20 хвилин. Нарешті, перемішайте суп на сковороді за допомогою ручної кульки до однорідності та подавайте з шматочками тостів.

68. Борщ дитячий (суп з буряка)

Порції: 3-4

Інгредієнти

- 3 середніх буряка, нарізати
- 1 середня картоплина, нарізана
- 1 маленька цибулина, нарізана
- 450 мл овочевого бульйону з низьким вмістом солі
- 50 г натурального йогурту

Напрямки

a) Очистіть всі овочі і покладіть в каструлю з бульйоном.

b) Доведіть до кипіння, потім накрийте кришкою і варіть 30 хвилин, поки овочі не стануть м'якими. Дайте охолонути, а потім перемішайте на сковороді до консистенції пюре за допомогою ручної кульки.

c) Додайте натуральний йогурт і подавайте до столу.

69. Суп з яблук і солодкої картоплі

Порції: 4

Інгредієнти

- 2 чайні ложки вершкового масла
- 2 чайні ложки борошна
- 180 мл малосольного курячого бульйону
- 2 чайні ложки варених яблук
- 200 г вареної солодкої картоплі
- 50 мл молока

Напрямки

a) На сковороді розтопити масло і всипати борошно. Нагрійте і помішуйте, поки суміш не стане золотисто-жовтого кольору. Повільно додайте бульйон, помішуючи, потім додайте варене яблуко та солодку картоплю.

b) Доведіть до кипіння, потім зменшіть вогонь і варіть на повільному вогні 5 хвилин.

c) Потім перетворіть суміш у пюре на сковороді за допомогою ручного процесора, потім додайте молоко, обережно підігрійте та подавайте.

70. Суп з коренеплодів і нуту

Порції: 10

Інгредієнти

- 2 столові ложки олії
- 2 цибулини, нарізані
- 2 моркви, нарізані
- 2 палички селери, нарізані
- 250 г консервованого нуту
- 2 банки по 400 г нарізаних помідорів
- 1 столова ложка томатного пюре
- 1 чайна ложка м'якого коричневого цукру
- 600 мл води
- 1 букет гарні
- свіжозмеленого чорного перцю

Напрямки

a) Розігрійте олію у великій сковороді, додайте цибулю і пасеруйте до м'якості. Перемішайте овочі та помідори з їх соком.

b) Додати решту інгредієнтів, поперчити за смаком. Довести до кипіння, накрити кришкою і тушкувати 40 хвилин, поки овочі не стануть м'якими. Трохи охолодіть, вийміть букет гарні, потім перемішайте на сковороді за допомогою ручного мусора.

c) Подавайте з тостами, змащеними маслом, або рисовими коржами.

71. Простий мінестроне

Порції: 6

Інгредієнти

- 50 г цибулі, нарізаної на четвертинки і дрібно
- 120 г моркви, нарізаної шматочками
- 50 г цибулі-порею, нарізати шматочками
- 2 середні картоплини, очищені і нарізані кубиками
- 200 г нарізаних помідорів
- 1000 мл несолоного овочевого бульйону
- 2 чайні ложки томатного пюре
- 75 г замороженого petites puis
- 50 г макаронів (бажано формованих)
- 2 столові ложки тертого сиру Пармезан

Напрямки

a) Обсмажте цибулю, моркву та цибулю-порей і варіть до м'якості (приблизно 5 хвилин), потім додайте картоплю і готуйте ще 2 хвилини.

b) Додайте помідори, бульйон і томатне пюре і доведіть до кипіння, потім варіть на повільному вогні 1520 хвилин. Потім додайте горох і форми макаронів і варіть ще 5 хвилин. Пюрируйте ручним процесором.

c) Подавайте, посипавши сиром.

ПЮРЕ

72. Шпинатно-картопляне пюре

Порції: 6

Інгредієнти

- 1 столова ложка рослинного масла
- 40 г цибулі-порею, нарізати шматочками і подрібнити
- 1 картоплина, очищена і нарізана кубиками
- 175 мл води
- 60 г свіжого шпинату, вимитого та видаленого з плодів

Напрямки

a) Обсмажте цибулю-порей на рослинній олії до м'якості. Поки цибуля-порей вариться, картоплю нарізати шматочками, а потім додати до розм'якшеного цибулі-порею.

b) Залийте водою, потім доведіть до кипіння, накрийте кришкою і варіть 6 хвилин.

c) Додати шпинат і варити 3 хвилини. Дайте суміші охолонути, а потім перетворіть в пюре за допомогою ручного процесора на сковороді.

73. Пюре з кабачків і картоплі

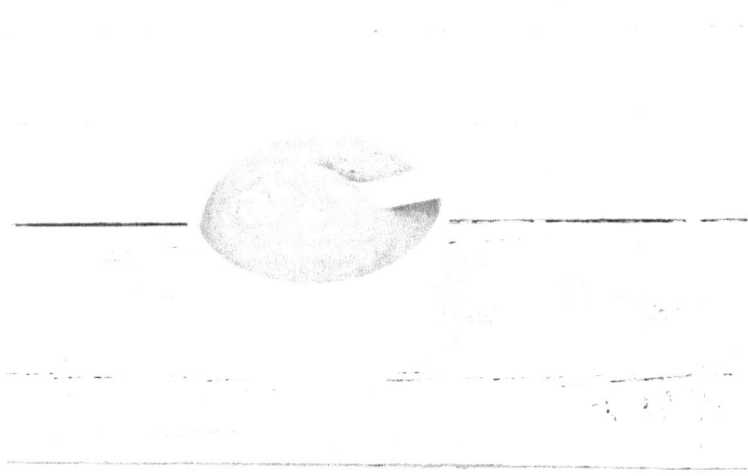

Порції: 8

Інгредієнти

- ½ маленької цибулі-порею, нарізаної
- 15 г вершкового масла
- 250 г картоплі, очищеної і нарізаної кубиками
- 200 мл курячого або овочевого бульйону з низьким вмістом солі
- 1 середній цукіні, нарізаний

Напрямки

a) Обсмажте цибулю-порей на вершковому маслі до м'якості, потім додайте шматочки картоплі і варіть ще три хвилини. Залийте бульйоном, доведіть до кипіння і тушкуйте під кришкою ще 5 хвилин.

b) Потім додайте нарізані цукіні і тушкуйте 10-15 хвилин, поки всі овочі не стануть м'якими. Перемішайте на сковороді за допомогою ручного процесора.

74. Морквяно-картопляне пюре

Порції: 4

Інгредієнти

- 2 середні картоплини, очищені і нарізані
- 2 середні моркви, очищені і нарізані
- 1 чайна ложка несоленого вершкового масла

Напрямки

a) Відваріть шматочки моркви та картоплі до готовності 15 хвилин, потім злийте воду, дайте охолонути та ретельно розімніть.

b) Розмішайте вершкове масло. Змішайте до текстурованої консистенції за допомогою ручного процесора.

75. Пюре з моркви та пастернаку

Порції: 6

Інгредієнти

- 200 г моркви, очищеної і нарізаної кубиками
- 200 г пастернаку, очищеного і нарізаного кубиками

Напрямки

a) Варіть овочі на пару до готовності.

b) Перетворіть в пюре за допомогою ручного процесора та відрегулюйте текстуру кип'яченою охолодженою водою або звичайним дитячим молоком.

76. Пюре з груші та батату

Порції: 4

Інгредієнти

- 1 середня солодка картопля, очищена та розрізана навпіл
- 1 солодку грушу очистити від шкірки, видалити серцевину і розрізати на 8 частин

Напрямки

a) Запікайте батат у попередньо розігрітій до 180°C духовці 40 хвилин до готовності.

b) Дайте охолонути, зніміть шкірку та викиньте. Шматочки груші пасеруйте 5 хвилин у каструлі з невеликою кількістю киплячої води.

c) Відцідити і остудити. Наріжте картоплю шматочками та подрібніть на сковороді до отримання однорідної консистенції за допомогою ручного комбайна.

d) Вийміть і відкладіть набік, а потім повторіть процес з грушею. Подавайте картопляне пюре з кружечками груші зверху.

77. Швидке бананово-персикове пюре

Порції: 4

Інгредієнти

- 1 невеликий стиглий банан
- 1 великий, дуже стиглий персик, зняти шкірку і нарізати шматочками

Напрямки

a) Банан очистіть і наріжте невеликими шматочками. Помістіть банан і персики в стакан і додайте невелику кількість води або персикового соку.

b) Перемішайте ручним кульком до однорідності.

78. Пюре з солодкої картоплі та авокадо

Порції: 8

Інгредієнти

- 200 г солодкої картоплі, нарізаної кубиками
- ½ стиглого авокадо
- Грудне або молочна суміш для розведення
-

Напрямки

a) Приготуйте батат на пару до готовності, потім дайте йому охолонути. Додайте авокадо до солодкої картоплі та перемішайте м'ясорубкою до однорідності та крему.

b) Розбавте до консистенції, яка підходить вашій дитині, невеликою кількістю грудного або молочної суміші.

79. Пюре з баклажанів

Порції: 8

Інгредієнти

- 1 маленький баклажан
- 1 столова ложка соняшникової або оливкової олії
- 1 столова ложка томатного пюре

Напрямки

a) Запікайте баклажани в розігрітій до 180°C духовці 50 хвилин, потім вийміть з духовки, дайте охолонути, розріжте навпіл і вийміть м'якоть.

b) Помістіть м'якоть баклажанів у склянку разом з олією та томатним пюре та перемішайте ручним кульком до однорідної консистенції.

80. Пюре з огірків і трав

Порції: 10

Інгредієнти

- ½ огірка
- 200 г грецького йогурту з цільного молока
- щіпка будь-якої свіжої зелені на ваш вибір

Напрямки

a) Огірок очистіть від шкірки та розріжте навпіл уздовж, потім видаліть насіння та дрібно наріжте огірок.

b) Відіжміть натертий огірок, щоб видалити рідину, потім змішайте з йогуртом і зеленню за допомогою ручного комбайна.

81. Морквяно-яблучне пюре

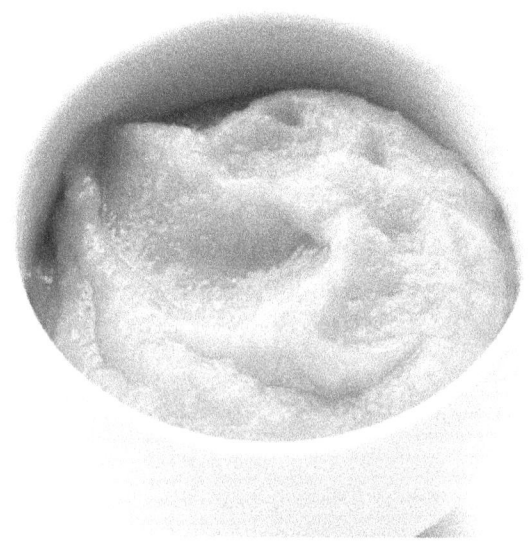

Порції: 10

Інгредієнти

- 1 велика морква, очищена і нарізана
- 1 картоплина, очищена і нарізана
- 1 яблуко, очищене від шкірки, серцевини та нарізане
- овочевий бульйон або вода з низьким вмістом солі

Напрямки

a) Помістіть кубики моркви, картоплі та яблука в каструлю і залийте бульйоном або водою.

b) Доведіть до кипіння, потім варіть приблизно 10 хвилин до готовності. Злити, потім змішати до однорідної консистенції.

82. Морквяно-абрикосове пюре

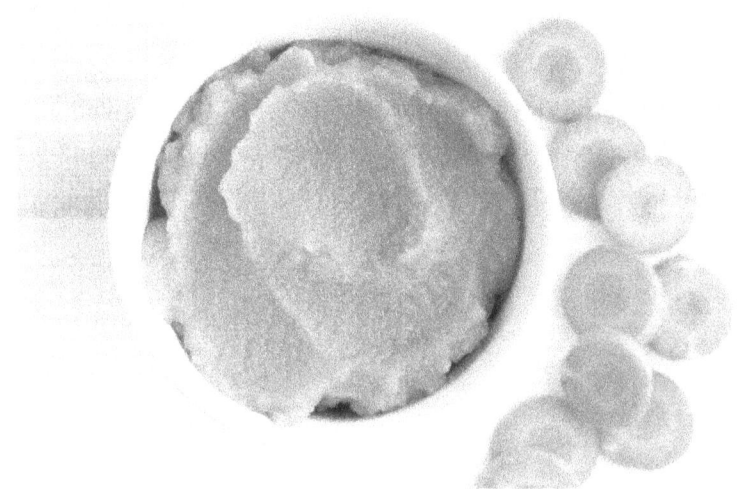

Порції: 4-6

Інгредієнти

- 1 велика морква, очищена і нарізана шматочками
- 4 абрикоси, очищені (або використовувати курагу)

Напрямки

a) Помістіть моркву в каструлю з киплячою водою, зменшіть вогонь і тушкуйте 10 хвилин до м'якості. Злийте воду і додайте в сковороду нарізані абрикоси.

b) Зробіть пюре на сковороді за допомогою ручного комбайна.

83. Пюре з коренеплодів

Порції: 10

Інгредієнти

- 1 середня картоплина, очищена і нарізана
- 1 середня морква, очищена і нарізана кружальцями
- 1 середній пастернак, очищений і нарізаний
- овочевий бульйон або вода з низьким вмістом солі

Напрямки

a) Помістіть овочі в сковороду і залийте бульйоном рівно стільки, щоб покрити.

b) Тушкуйте, поки овочі не стануть м'якими (приблизно 15 хвилин). Зробіть пюре за допомогою ручного процесора.

84. Пюре для дитячого харчування з дині та манго

Порції: 12

Інгредієнти

- 1 стиглий манго, очищений від шкірки, видалення кісточки та нарізаний кубиками
- 1 скибочка дині гарного розміру, очищена й нарізана
- 1/2 стиглого банана, очищеного і нарізаного кубиками

Напрямки

а) Місце усі інгредієнти в склянку та змішайте за допомогою ручного процесора до однорідності.

85. Пюре з моркви та манго

Порції: 5

Інгредієнти

- 1 середня морква, очищена і нарізана
- ½ манго, зняти шкірку і нарізати

Напрямки

a) У каструлю з киплячою водою додати нарізану моркву, зменшити вогонь і тушкувати 10 хвилин, поки морква не стане м'якою.

b) Злийте воду, дайте охолонути, а потім додайте на сковороду нарізане манго та подрібніть м'ясо до однорідного стану за допомогою ручного комбайна.

86. Пюре з шведської та солодкої картоплі

Порції: 10

Інгредієнти

- 250 г бруньки, очищеної і нарізаної
- 250 г солодкої картоплі, очищеної та нарізаної

Напрямки

a) Покладіть нарізану бруньку та солодку картоплю та готуйте на пару 1520 хвилин.

b) Дайте охолонути, додайте трохи води або звичайного дитячого молока

потім зробіть пюре за допомогою ручного процесора.

87. Пюре з солодкої картоплі, шпинату та зеленої квасолі

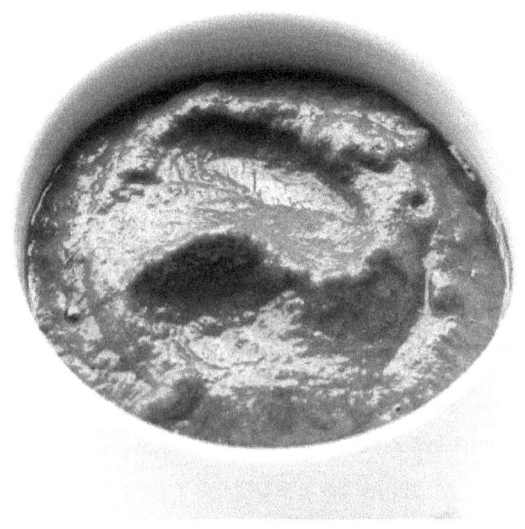

Порції: 10

Інгредієнти

- 25 г несолоного вершкового масла
- 50 г цибулі-порею добре вимити і дрібно нарізати
- 200 г батату
- 50 г замороженої стручкової квасолі
- 50 г свіжого або замороженого дитячого шпинату (промитого, якщо він свіжий)

Напрямки

a) На сковороді розтопити масло і обсмажити цибулю-порей до м'якості, потім додати батат. Додайте 250 мл води і доведіть до кипіння.

b) Далі накрийте каструлю кришкою і тушкуйте 10 хвилин, поки солодка картопля не стане м'якою. Додайте шпинат і квасолю, потім зніміть з вогню і подрібніть м'ясорубкою до однорідності.

88. Біла риба і соус-пюре

Порції: 10

Інгредієнти

- 20 г несолоного вершкового масла
- 50 г цибулі дрібно нарізати
- 1 середня морква, очищена і нарізана кружальцями
- 240 мл окропу
- 100 г білої риби, очищеної від шкіри та філе – обов'язково видаліть усі кістки!
- 120 мл молока
- 1 лавровий лист

Напрямки

a) Спочатку покладіть цибулю в каструлю з 20 г вершкового масла і обсмажте до м'якості. Потім додати моркву, залити водою і тушкувати 10-15 хвилин. Далі викладіть рибу в каструлю з молоком і лавровим листом.

b) Тушкуйте приблизно 5 хвилин, поки риба не звариться, потім вийміть лавровий лист, наріжте рибу скибочками, помістіть усі інгредієнти (крім лаврового листа) у склянку та перемішайте ручним кульком до консистенції, потрібної вашій дитині.

89. Пюре з банана та авокадо

Порції: 6-8

Інгредієнти

- 1 стиглий банан, очищений
- 1 стиглий авокадо без кісточок і шкірки
- 1 чайна ложка йогурту з незбираного молока або крем-фреш

Напрямки

a) Грубо розімніть банан і авокадо в мисці, а потім додайте ложку йогурту або крем-фреш і перемішайте до однорідної консистенції за допомогою ручного комбайна.

b) Для дітей молодшого віку ви можете замінити крем-фреш грудним молоком або сумішшю для розведення.

90. Пюре з манго та чорниці

Порції: 4

Інгредієнти

- 30 г чорниці
- ½ невеликого стиглого манго

Напрямки

a) Очистіть манго від шкірки і подрібніть м'якоть.

b) Помістіть у склянку разом із чорницею та перемішайте до однорідної консистенції за допомогою ручного мусора.

91. Пюре з солодкої картоплі та дині

Порції: 10

Інгредієнти

- 200 г вареної солодкої картоплі, нарізаної кубиками
- 200 г дині канталупи, нарізаної кубиками
- 50 г натурального йогурту

Напрямки

a) Покладіть диню та варену солодку картоплю в склянку та перемішайте ручним комбайном до однорідної консистенції.

b) Додайте йогурт і перемішуйте ще 10-20 секунд. Охолодіть, потім подавайте охолодженим.

92. Вершкове кабачкове пюре з масляного горіха

Порції: 2-3

Інгредієнти
- 200 г гарбуза, подрібненого
- 1 столова ложка жирного йогурту

Напрямки
a) пар подрібненого горіхового гарбуза протягом 15 хвилин, потім дайте охолонути, помістіть усі інгредієнти разом у склянку та змішайте ручним комбайном до консистенції пюре.

93. Пюре з цвітної капусти та батату

Порції: 4

Інгредієнти

- 1 маленька солодка картопля, очищена і нарізана
- 3 або 4 великі суцвіття цвітної капусти, нарізані
- грудного молока або суміші для розведення

Напрямки

a) Готуйте картоплю та цвітну капусту на пару, поки вони не стануть м'якими (10–15 хвилин), потім помістіть у склянку, додайте сир і перемішайте до однорідної консистенції за допомогою ручного комбайна.

b) Розбавте невеликою кількістю грудного або молочної суміші до консистенції, відповідної вашій дитині.

94. Залишки індички та картопляне пюре

Порції: 4

Інгредієнти

- 100 г залишків індички, вареної та дрібно нарізаної
- 200 г залишків вареної картоплі
- вода для обробки

Напрямки

a) Помістіть половину індички та картоплі в стакан і додайте воду, необхідну для обробки.

b) Обробляйте за допомогою ручного процесора до отримання дрібного пюре.

c) Повторіть цей процес для решти індички та картоплі.

95. Пюре з тріски та рису

Порції: 3-4

Інгредієнти

- 50 г рису
- 100 мл води
- 40 г філе тріски без шкіри та кісток
- кілька гілочок петрушки

Напрямки

a) Помістіть рис і воду в каструлю, перемішайте один раз і тушкуйте 10 хвилин.

b) Додайте рибу і готуйте ще 10 хвилин, за потреби додаючи воду. Нарешті додайте петрушку і варіть 2 хвилини.

c) Перемішайте на сковороді за допомогою ручного процесора.

96. Пюре з червоної сочевиці

Порції: 3-4

Інгредієнти

- 125 г червоної сочевиці
- 25 г цибулі, нарізаної
- 1 столова ложка олії
- 25 г моркви, дрібно нарізаної
- 500 мл води

Напрямки

a) Сочевицю ретельно промийте та обсушіть. Замочіть на ніч (якщо в інструкціях на упаковці зазначено, що це потрібно). Пасеруйте цибулю на олії 4-6 хвилин до м'якості. Додайте моркву і продовжуйте готувати ще 4-5 хвилин.

b) Додайте відціджену сочевицю та воду. Доведіть до кипіння, потім варіть 45 хвилин або поки сочевиця не стане м'якою. дренаж

c) суміші та пюре на сковороді за допомогою ручного процесора.

d) З цієї страви можна зробити пікантний дхал до каррі. Для цього розділіть відварену суміш сочевиці навпіл, одну частину залиште як пюре для вашої дитини, а другу додайте в каструлю з пасерованою карі або пастою, перемішайте та подавайте.

97. Зелений горошок з м'ятним пюре

Порції: 3-4

Інгредієнти

- 200 г свіжого або замороженого горошку
- 150 мл води
- Жменя свіжої м'яти

Напрямки

a) Додайте горох у воду в каструлю. Доведіть до кипіння і варіть.

b) Додайте невелику кількість свіжої м'яти та, коли зваріть, перевірте м'якість і перемішайте до бажаної консистенції за допомогою ручного комбайна, додаючи повне жирне коров'яче молоко за необхідності.

98. Пюре з солодкої та білої картоплі

Порції: 6

Інгредієнти

- 200 г картоплі, очищеної і нарізаної кубиками
- 200 г солодкої картоплі, очищеної та нарізаної кубиками
- 25 г вершкового масла
- 50 мл молока (коров'ячого, грудного або молочної суміші, залежно
  на етапі годування)
- 30 г тертого сиру

Напрямки

a) Помістіть картоплю та солодку картоплю в каструлю з киплячою водою, зменшіть вогонь і варіть 1520 хвилин до готовності.

b) Процідіть, потім додайте масло, молоко та сир і перемішайте ручним комбайном до отримання густої консистенції.

99. Пюре з кабачків і груш

Порції: 6

Інгредієнти

- 200 г відвареного гарбуза
- 100 г кураги (замочити у воді на 30 хвилин)
- 75 г родзинок (замочити в яблучному соку на 30 хвилин)
- 1 дуже стигла груша, очищена від шкірки, серцевини і нарізана

Напрямки

a) Перетворіть усі інгредієнти в пюре ручним комбайном до атекстурована консистенція.

100. Пюре «Попай».

Порції: 6-8

Інгредієнти

- 125 г солодкої картоплі, очищеної та нарізаної дрібними кубиками
- 125 г ніжної моркви, подрібненої
- 125 г стручкової квасолі без кінчиків
- 125 г шпинату
- 125 г замороженого горошку

Напрямки

a) Помістіть солодку картоплю та моркву в пароварку та готуйте на пару 8 хвилин. Додайте решту інгредієнтів і нагрівайте ще 6 хвилин.

b) Вийміть з пароварки, а потім перетворіть до однорідного пюре за допомогою ручного процесора. Подавати охолодженим.

ВИСНОВОК

Коли діти стають старшими, їм потрібна тверда їжа, щоб отримати достатню кількість поживних речовин для росту та розвитку. Ці необхідні поживні речовини включають залізо, цинк та інші.

Протягом перших 6 місяців життя немовлята використовують залізо, яке зберігалося в їхніх організмах, коли вони були в утробі матері. Вони також отримують деяку кількість заліза з грудного молока та/або дитячої суміші. Але запаси заліза у немовлят зменшуються, коли вони ростуть. Приблизно до 6 місяців немовлята повинні почати їсти тверду їжу.

Введення твердої їжі також важливо для того, щоб допомогти немовлятам навчитися їсти, даючи їм змогу відчути нові смаки та консистенцію різноманітних продуктів. Це розвиває їхні зуби та щелепи, а також створює інші навички, які їм знадобляться пізніше для розвитку мови.

Milton Keynes UK
Ingram Content Group UK Ltd.
UKHW021531101023
430299UK00014B/676